The Strippers Forever Activity Book

BY JACQUELINE FRANCES

© JACQUELINE FRANCES 2019

Welcome!

I'm so glad you're here. Making art and keeping a journal has been integral to my happiness and creativity for as long as I can remember.

The only advice I have for you as you embark on this journey is to not take it seriously. I'm serious! Now get your crayons, paints or period blood and get making!

Love, Jacq

BOOB FIND:

```
S J E U X A R H U L I V U U L
R D D B Q F S H P Z I N F Q I
E A N M S O G E J O U K R U B
K A Z A Q N A U I X K Y W H M
C Z B B L B J D C T U Y P W F
O N X Q R G W D N D T H A Z U
N Z O C U E Y E A E E I R B N
K E C Q J N A R N C X I T I B
I N S S S F Q S A D A L Y S A
J Q S R R H U D T M N E B D G
B I G G I E A N D S M A L L S
E D U L I Y T G B W U A I L G
M I J Y S Q S O Q H G U M P Z
R Q D H C B O S O M F A P E B
Y J Q K Z B M B C H F C S N Z
```

BOSOM
JUGS
BREASTS
UDDERS
HOOTERS
TITTIES
BIGGIE AND SMALLS
PARTY BLIMPS
KNOCKERS
MAMMARY GLANDS
FUN BAGS
BOOBS

DESIGN YOUR DREAM SHOE:

SAY SOMETHING NICE ABOUT YOURSELF:

MY BODY IS MY BUSINESS

WHAT ARE SOME HABITS THAT HINDER MY HUSTLE?

WHAT ARE SOME STEPS I CAN TAKE TOWARDS CREATING HEALTHIER HABITS?

CROSSWORDS ARE LIKE SQUATS FOR YOUR BRAIN:

ACROSS:
3. What a dancer must pay to lease the facility to run their business
8. Currency that can only be used in a strip club
9. The first public topless dancer
10. It's a complete sentence
13. Bubbles!
14. The light of J Howard Marshall's life
15. Sin City
16. Divorce dust
17. Toverhang

DOWN:
1. Cash- and lipgloss-holding ornament
2. She's the liaison between dancers and management
4. Consequence of a bare ass on vinyl seating
5. Sex work is ____.
6. Josephine Baker's iconic accessory
7. We are all just trying to survive under _____.
11. Throwing a lot of money at once
12. It kills

WHAT DOES ABUNDANCE LOOK LIKE TO ME?

WHAT ARE MY SHORT-TERM (1 MONTH) GOALS?

WHAT ARE MY MEDIUM-TERM (6 MONTH) GOALS?

WHAT ARE MY LONG-TERM (5 YEAR) GOALS?

MAKE ART AND MONEY

LIST FIVE THINGS THAT MAKE YOU HAPPY:

HOW CAN I BE KINDER TO MYSELF?

DESIGN YOUR DREAM OUTFIT:

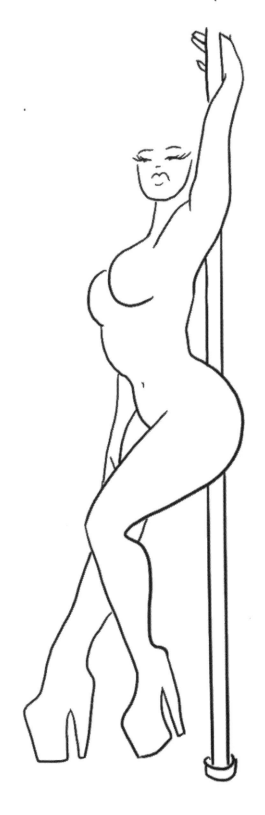

WRITE A LOVE LETTER
TO YOUR FAVOURITE SNACKS:

HOW DO I PRACTICE SELF-CARE?

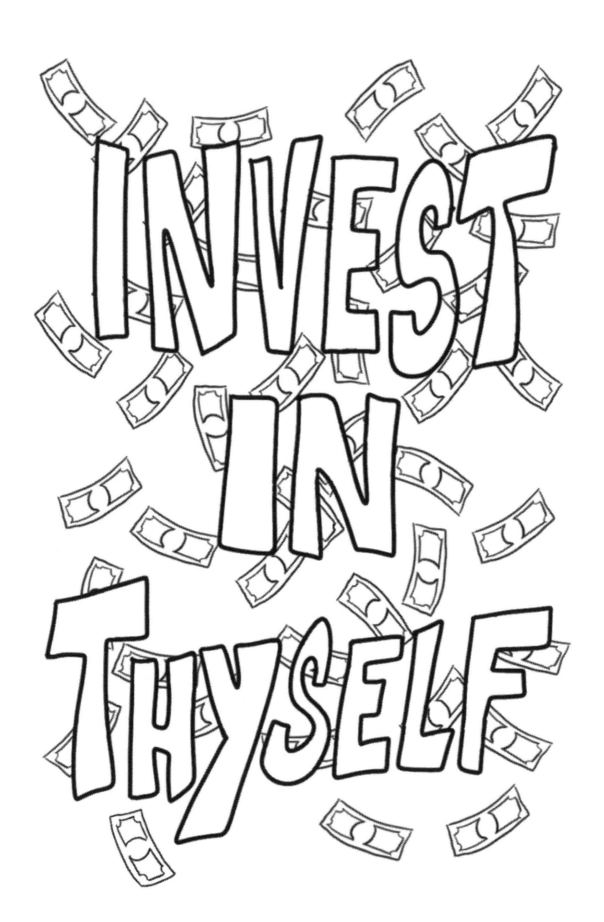

WHAT ADVICE WOULD I GIVE TO MYSELF TEN YEARS AGO?

IT'S ANOTHER WORD FIND, BITCHES!

```
Y E N O M R U O Y E V A S V C
S Y S Z T P K H E S G Z T H Z
Z E E T Y P M A T S P M A R T
Z N X N N L L E S P U M Y P A
S T B W O O X V I Z P C H Q K
S R D H O H E A C A S H Y M U
S E E C G R O S G E X A D Y Y
G P C S R N K N Q O N R R A E
M R I N A G E I Y B C G A R J
G E T R A E S A S E J E T P X
D N B U T D L T U W N M E S G
T E Y X F S P P R Y O O D Y G
S U D N W B P A Q I D R M D O
G R O B X F V C L Y N E K O Q
G K N C P M F P P C P G Y B N
```

LAP DANCE
CAPTAIN SAVE-A-HO
CHAMPAGNE
SEX WORK IS WORK
ENTREPRENEUR
TRAMP STAMP

STRIP
UPSELL
G-STRING
CASH
PLEASERS
BODY SPRAY

NO MONEY NO HONEY
STAY HYDRATED
CHARGE MORE
SAVE YOUR MONEY

DESIGN YOUR OWN CURRENCY:
(dream big, you bad bitch)

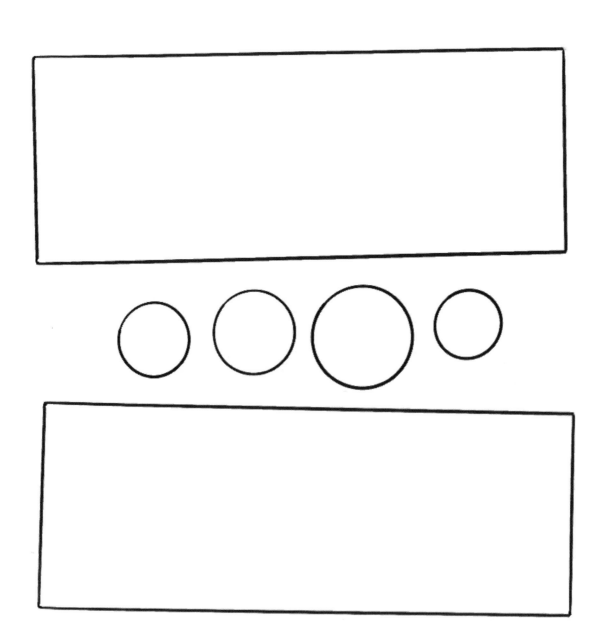

CHARGE

MORE

WHAT ARE SOME OF MY GIFTS THAT I ENJOY SHARING WITH OTHERS?

CAPTION THIS:

WHEN DO I FEEL MOST POWERFUL?

BITCH YOU GOT THIS

FIELD NOTES:

ANSWERS:

BOOB FIND:

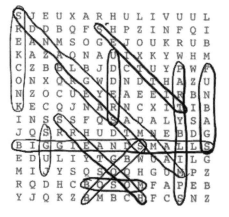

CROSSWORDS ARE LIKE SQUATS FOR YOUR BRAIN:

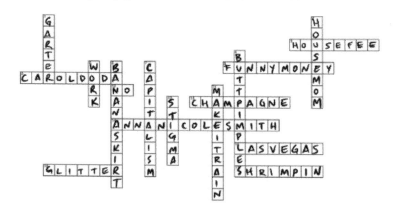

IT'S ANOTHER WORD FIND, BITCHES!

HELP THESE OVERWHELMED WORK WIVES FIND EACH OTHER:

NICE WORK!

OTHER TITLES BY JACQUELINE FRANCES:

The Beaver Show (2015)

Striptastic! A Celebration of Dope-Ass Cunts Who Like Money (2017)

How To Not Be a Dick In A Strip Club (2017)

The Inquisitive Stripper (2017)

All titles available on Amazon.com

Made in the USA
Las Vegas, NV
13 January 2024